Ett varmt tack till biblioteket i Nås
som sammanställde och lånade ut
närmare tre tusen sidor som jag har
haft som underlag till den här skrif-
ten.

Jag vill också rikta ett tack till framlidne folkskolläraren Lennart Johansson. Med darr på stämman berättar han hur ett antal bönder i Nås säljer sina gårdar och utvandrar till det heliga landet.

Jag kunde inte ens då förstå att en väckelsepredikant förmått dem att fatta ett så avgörande beslut. Bönder är bundna till sin jord nedärvd i generationer.

Gemenligen kallades han för Pavo – en annan av hans favoriter – om läsaren nu inte skulle känna igen olyckan.

Helt frisk i huvudet kan han inte ha varit. Bl.a, tvingar han en elev i kanske fjärde klass att in-

för klassen sjunga sången "Bar-
natro" som straff för något han
gjort.

I lokalpressen förföljer
han rektorn för realskolan heders-
mannen Gillis Hedlund.

Jag hade honom inte som
lärare, utan hans kollega Thorsten
Magnusson. De båda folkskollä-
rarna bytte med varandra just den
här dagen och det var så jag fick
höra Lennart Johanssons litania om
Jerusalemfararna.

Underlaget till den här historien skrev jag för nära trettio år sedan.

Jag hade hyrt en stuga i Duved för en veckas skidsemester tillsammans med min dotter Charlotte, sonen Fredrik och vår skidlärarinna Margaret Tjärnberg bördig från Nås. Kanske var det tack vare Margaret som biblioteket i Nås så välvilligt ställde upp med underlaget till den här berättelsen.

Vi åker till Duved via Nås för att hämta upp de 3 000 sidorna som biblioteket samlat ihop.

Den första morgonen i Duved känner såväl Charlotte som jag oss rostiga i halsen. Vi gurglar oss med vodka. Charlotte känner sig bättre, men jag stannar inne och kan då gå igenom materialet om Nås och nåsbönderna och göra minnesanteckningar, som jag sedan sammanställer när vi återvänt till Malmö.

Nu, nära trettio år senare, sommaren 2020, kan jag tack vare eller på grund av coronakrisen komplettera materialet för att publicera det på Amazon.

Jag önskar dig mycket nöje med läsningen.

Kapitel 1   Bakgrunden till böckerna om Jerusalem

Kanske är det på sin plats att inledningsvis säga några ord om Selma Lagerlöf: Jag tror vi alla minns inledningsorden till hennes debutroman "Gösta Berlings Saga"

Äntligen stod prästen i predikstolen …

I stundens ingivelse lägger han bort sin färdigskrivna predikan. Precis som Selma själv förmodligen skulle ha gjort i samma situation. Predikat utifrån sitt undermedvetna. Sin "innervarelse", som hon kallade sin inspiration.

Redan som sjuåring
visste hon att hon ville bli författare. Som prosaist skulle det dröja
ända till att hon fyllde 33 år 1891
som Gösta Berlings Saga publiceras. Dessförinnan hade delar av den
gått som följetong i tidskriften
Idun. Honoraret är 500 kr som skall
jämföras med lärarlönen på 1000 kr
om året, vilket torde motsvara närmare 200 000 kr idag.

Med sin oerhörda produktion av dikter och noveller, romaner och tidningsartiklar och inte
minst sina brev måste hon ha hållit
i pennan livet igenom dag som natt.

Selma Lagerlöf var en
begåvad dam. Och nog hade hon
att brås på. Hennes farfar var kusin
till Esaias Tegnér och hon var släkt
med Erik Gustaf Geijer.

I hemmet fanns en berättartradition. Framför allt var det farmodern Elisabet Maria Wennervik som berättade för henne, men också hennes faster Nana Hammargren. Kanske är det här som många av hennes karaktärer tog form.

Hon var väl förtrogen med Bibeln och dess texter, som blänker fram i hennes berättelser. Hon tror på själens odödlighet och hon är lockad av spiritismen.

Under sin tid som lärare i Landskrona bodde hon bl. a. i en vindsvåning på Storgatan tillsammans med sin ogifta faster Lovisa, som tvingats bort från Mårbacka efter konkursen 1888. Bekantskapskretsen utgjordes huvudsakligen av lärarkollegorna.

I Landskrona lyckas hon etablera sig som lokal poet. Hon

fick uppdrag att skiva hyllningsverser till bröllop och begravningar, till födelsedagar och högtidsdagar. Att skriva prosa tyckte hon inte att hon kunde. Skillnaden mellan poesi och prosa är radbytet. Hennes specialitet var sonetten, ett inte helt enkelt rimsmide på 14 versrader och fyra strofer.

Liksom de gamla grekerna tyckte hon att poesi var "det upphöjda språket". Lite lyxigare än prosan.

En annan person som hon inspirerades av och som inspirerade henne var Sophie Adlersparre, som vi känner igen som grundare av Fredrika-Bremer-Förbundet.

Kanske var det också så att hennes höftskada gjorde att hon ägnade sig åt att läsa och skriva medan hennes jämnåriga kunde ägna sig åt fysiska aktiviteter.

När Selma Lagerlöf blev invald i Svenska Akademien prisar den skånske författaren Hjalmar Gullberg henne med orden: "Drottningen i vår litteratur, den mest berömda av svenska kvinnor sedan den Heliga Birgitta."

Hon var föreslagen som akademiledamot flera gånger tidigare men motarbetades av akademiens synnerligen konservative ständige sekreterare Carl David af Wirsén. Det var inte bara Selma Lagerlöf som drabbades av hans egensinne utan många andra lysande författare som August Strindberg, Verner von Heidenstam och Henrik Ibsen.

Selma Lagerlöfs homosexualitet hölls länge dold. Det

skulle dröja ända till 1990, enligt
hennes önskan femtio år efter hen-
nes död, innan relationerna med
den några år äldre, bisexuella Sop-
hie Elkan och den några år yngre
Valborg Olander blev kända ge-
nom den omfattande brevväxling
som Selma Lagerlöf höll med dem.
Kanske är gränsen mellan sinnlig-
het och erotik ganska vag vilket
Anna-Karin Palm påpekar i sin när-
mare 700 sidor långa bok om
Selma Lagerlöf. Kanske var det
också som så att Selma drogs till
det intellektuella hos de båda älska-
rinnorna och inte bara till dem utan
till många andra av hennes närm-
aste vänner.

Valborg Olander bosatt
och verksam i Falun, arbetade som
korrekturläsare av Selma Lagerlöfs
texter. På senare år var hon även

litterär rådgivare och till och med agent för Selma Lagerlöf. Båda var rösträttsaktivister och frisinnade liberaler.

När det gäller Sophie var det Selma som var den uppvaktande, medan det i fallet Valborg var det Selma som blev uppvaktad. En annan skillnad var att medan kärleken till Sophie kunde vara lätt platonisk så var kärleken till Valborg mera fysisk.

Tillsammans med Valborg spelade Selma den manliga rollen. Det har spekulerats i vem som är förebilden till Gösta Berling. Selma har fått många frågor om detta, men aldrig svarat. Kanske är det så att Gösta Berling är Selma Lagerlöf själv som den person hon skulle velat vara.

Vacker och charmerande. Förförande och betvingande. Sprudlande och lättjefull. Gösta Berling gjorde hon till präst. Att skriva predikningar borde ha passat henne alldeles utmärkt. Kanske finns det ytterligare en koppling här mellan Selma Lagerlöf och Gösta Berling..

År 1897 flyttar faster Lovisa och hon till Selmas syster Greta i Falun. Två år tidigare hade hon lämnat sin lärartjänst. Selma Lagerlöf kan nu leva på sitt författarskap. En stor del av hennes produktion skrev hon just i Falun.

Sophie Elkan var författarkollega. En av hennes romaner publicerades som följetong i Göteborgs Handels och Sjöfartstidning under pseudonymenen Rust Roest. 1879 avled såväl hennes man som hennes dotter i tuberkulos. Sophie

Elkan och Selma Lagerlöf träffas 1894. På Mårbacka lät Selma Lagerlöf inreda ett rum åt henne - det sk Elkanrummet. Här finns hennes tavlor och möbler, vilka Selma Lagerlöf fått i arv av henne.

Rivalerna Olander och Elkan låg i en bitter fejd med varandra. Svartsjukan grasserade.

Under en resa till Gotland tillsammans med "reskamraten" Sophie Elkan läser Selma Lagerlöf en tidningsartikel om fem familjer i Nås som sålt sina gårdar och utvandrat till Jerusalem för att där invänta Kristi återuppståndelse. Här får hon idén till böckerna Jerusalem. Hon besöker dessutom Nås och träffar släktingar och vänner till de utvandrade familjerna. Tillsammans med Sophie Elkan reser hon också till Jerusalem.

Utvandringen skedde 1886 och fem år senare 1901och 1902 ges böckerna ut. Den första boken utspelar sig i Nås och den andra i Jerusalem.

I Nås gör Västerdalälven en vid sväng – en naas och därav namnet.

Nås hade vid den här tiden 3 000 innevånare och Sverige hade 3 600 000. Nås hade alltså en tiondel av Sveriges befolkning, och det är vad Stockholm har idag.

I den första boken får vi följa Ingemarssönerna på Ingemarsgården. Bl.a. blir gården vid ett tillfälle svårt skuldsatt, vilket vi känner igen från Selma Lagerlöfs eget Mårbacka, som hon tack vare nobelpriset kunde köpa tillbaka.

Hon beskriver väckelsens under med bl. a. en kvinna

som blivit förlamad i benen och
som tack vare en helbrägdagörare
lyckas få förlamningen att släppa.
Hon var själv förlamad som barn.
Förlamningen kom helt plötsligt.

Hennes far reser med familjen mitt i höskörden till Strömstad för att där kanske finna bot för dotterns förlamning. I ett i hamnen liggande fartyg finns en kanariefågel. Selma bärs upp på fartygets däck först av alla i sällskapet. Hon hjälps ner i lastrummet av en besättningsman och får se fågeln, som inte har några ben. Upp från lastrummet kan hon klättra alldeles själv. Förlamningen har släppt.

Boken har filmats ett antal gånger. I filmernas avslutningar får vi se utvandrarna tåga mot det väntande tåget.

Den andra boken utspelar sig i Jerusalem. Även här känner vi igen drag från Selma Lagerlöfs eget liv. Ingemar väljer mellan sin nuvarande hustru och sin tidigare hustru Brita, vilken i sin förtvivlan över att bröllopet inte blev som planerat stryper sin förstfödde. Selma Lagerlöf hade samma problem i valet mellan livskamraterna änkefru Sophie Elkan och fröken Valborg Olander. Mellan den trygga Valborg och den lätt neurotiska Sophie. Hon menar att hon ställs inför ett val. Men valet har hon gjort. Hon väljer båda. Kanske är det omväxlingen som hon väljer. Som många andra både tidigare och senare.

Det Selma Lagerlöf framför allt belyser i sin andra bok från Jerusalem är maktkampen inom den koloni som bildades i Jerusalem av de där invandrade. Här finns Anna Spafford, som är drivande i kolonin och så småningom också hennes dotter Berta. Anna Spafford gifte sig med sin 14 år äldre söndagsskollärare advokaten Horatio Spafford. I huset i Chicago samlades dåtidens storheter inom väckelserörelsen.

En annan förgrundsgestalt är Olof Henrik Larsson kallad Hellgum, som hade en högst varierande bakgrund och som blev väckelsepredikant i Jerusalem. Han har inledningsvis en central roll i kolonin. Det var han som tillsammans med Annas Spaffords fosterson Jacob organiserar försäljningen av de fem gårdarna i Nås.

Den religiösa Anna Spafford trodde blint på att tron

kunde bota sjukdomar. Mediciner förbjöd hon med påföljd att många av kolonins medlemmar avled.

När dottern Berta efter Annas död övertog ledarskapet utnyttjade Berta kolonins medel för egna syften med en rättsprocess som följd och också kolonis upplösning.

Kolonins öde i Jerusalem är en förskräckande historia.

Kapitel 2   Prolog

Kanske var det från början meningen att Selma Lagerlöfs romaner Jerusalem 1 och Jerusalem 2 skulle bli en dokumentär skildring av de Nåsbor vilka sommaren 1896 utvandrade från Nås till Jerusalem.

Under arbetets gång omformas historien och byggs på långt utanför dokumentärens ram. Sannolikt inte utan författarinnans val och kval. Hennes arbete växlar från dokumentär till roman. Det blir geniets intuition som blir styrande för arbetet snarare än en från början given intention. Det är lätt att känna igen utvandrarna från Nås, även om orten Nås aldrig nämns i de två romanerna.

Vi läsare förleds att tro att detta är en dokumentär skildring. Diktarna diktar och att romaner är fiktioner – uppdiktade historier. Poeten har poetens frihet att skriva om vad han vill. Han har sin "Licentia Poetica".

För den invigde ligger det nära till hands att ta ståndpunkten att vad de oinvigda vet eller inte vet är deras problem. Det kan vara nog så exklusivt att vara esoterisk . "Aquila ...muscas", dvs örnarna struntar i vad flugorna har för sig, men för författare är det nog bra att även vi oinvigda köper skönlitteratur, ser bygdespel och betalar biobiljetter.

Om en händelse beskrivs i en bok eller i en film så tror vi att det är det en någorlunda korrekt beskrivning av verkligheten. Om författaren är ovarsam med sanningen kallar vi berättelsen lögnaktig.

Vi oinvigda kan inte inse eller förstå att den skönlitterära beskrivningen av en faktisk händelse eller en person just är dikt. Vi kan inte förstå att dikten definitionsmässigt aldrig kan bli en skröna. I andra akten av Peer Gynt säger Henrik Ibsen att "Lögn och förbannad dikt och dikt och förbannad lögn". Lögn är lögn och kan definitionsmässigt aldrig bli dikt, dikt är dikt och kan definitionsmässigt aldrig bli lögn. Lögnen förutsätter en sanning. Lögnen kan vara medveten eller omedveten, men med lögn menar vi en medveten förvanskning

Helt så enkel är nu inte skillnaden mellan verklighet och fiktion och det inser man om någon skulle få för sig att göra en om- skrivning av "Jerusalem" eller göra en film på "Jerusalem", som avvi- ker från boken. Det är ju ingen ovanlig företeelse och har hänt även i detta fall och då kan man hävda att det även finns lögner bland fiktionerna. Vilken upphovs- rätt har författaren till den fiktiva personen som en romanfigur utgör?

Originella idéer får i många andra sammanhang ett visst skydd. Konst, musik, uppfinningar, varumärken, fotografier, sångtexter och reklamtexter, dikter och kom- mersiella texter. Här finns ett regel- verk till skydd för nyskapare. Här finns en upphovsrätt som skyddar

konstnären, kompositören, uppfin-
naren, designern, fotografen, poe-
ten och textförfattaren. Plagiatörer
och renommésnyltare går att fälla
för varumärkesintrång och patent-
intrång, för plagiat och förfalsk-
ning. Upphovsrätten till romanfigu-
rer är svårare att skydda.

Ytterligare en parallell
som vi kan dra är beskrivningarna
av de religiösa förgrundsgestal-
terna. Varje pastor levererar sin
tolkning av dem i predikan efter
predikan. Och hur vet vi att Bibelns
ord stämmer in på Jesu liv. Det är
lite förskräckande att notera att
Kristusgestalten i Nya testamentet
inte har ett enda gott ord att säga
om sina lärjungar. Mycket nöje
med läsningen (sic). I Bibeln blir
problematiken ännu påtagligare

med sina dokument, sina dokumentärer och sin uttolkare, med sin fiktiva verklighet som en väl sammanhållen teoribildning.

Hela Tolkiens värld är en annan parallell. Vad skulle hända om någon skrev om "Sagan om ringen" med sin alldeles egna tolkning. En annan parallell är elektronerna i fysiken - fiktioner som i partikelteorin beskrivs som reella objekt.

Att dikt är dikt och aldrig kan bli lögn är inte heller så självklart om man tex påstår att Sherlock Holmes varken brukade tobak eller kokain. Sherlock Holmes är givetvis en fiktiv person, men en person som lever i vår sinnevärld. En värld som vi kan referera till. Från denna värld vet vi att detektiven såväl är piprökare som kokainist och att den som påstår något annat är lögnaktig, vilket i sin tur innebär att även fiktionen kan ha sina lögner

Gråzonerna får inte hindra att vi oupphörligt försöker dra rågången mellan rätt och orätt, mellan sanning och lögn, mellan dikt och verklighet.

När det gäller litteraturen behöver vi bara bekymra oss om hur nära en verklig händelse får en författare gå för att få utnyttja denna händelse som utgångspunkt för sin fabuleringskonst. Selma Lagerlöf har i romanerna Jerusalem gått alltför långt. Och frågan är varför hon gör så? Sannolikt därför att hon vill frigöra sig från verkligheten och skapa sin alldeles egen historia. Men varför går hon så nära verkligheten? När hon skriver romanerna Jerusalem är hon en uppburen författarinna. Och varför invände inte förläggaren Bonniers? Och inte heller Sophie Elkan eller Valborg Olander, vilka båda fick ta del av manuskriptet. Inte heller litteraturkritikerna har invänt mot detta förutom de jag redovisar nedan.

En romanförfattare som grundar sin roman på en verklig händelse måste vara medveten om att en förväxlingsrisk föreligger för den oinvigde läsaren och dilemmat uppstår hur nära en verklig händelse en författare får gå även om han markerar att alla likheter med denna händelse enbart är slumpmässiga. Dilemmat blir ett moraliskt och etiskt problem och ibland även ett juridiskt

Licentia Poetica, poetens
frihet, det fria ordet, tryckfriheten
innebär inte ordets anarki. Det
finns en tryckfrihetsförordning, det
finns ett integritetsskydd som be-
gränsar. Ludvig Holberg (1684 -
1754) skriver i "Moraliske Tanker"
år 1744 att Licentia Poetica ursäk-
tas inte alltid. "En stor poet kan
med sina verser förtrolla. Han kan
få stenar att flytta sig så att de till
och med stenar honom till döds."
Det var kanske vad som
hände Gustav Fröding. Samma år
som utvandringen skedde från Nås,
dvs år 1896, belades hans "Stänk
och Flikar" med kvarstad enligt
Tryckfrihetsförordningens § 3:13,
som handlar om att såra ärbarheten.
Fröding debuterade
1891, dvs samma år som Selma La-
gerlöf. Han hörde till kretsen kring

Heidenstam, han var etablerad och uppburen. Men här begränsades poetens frihet av "vittskilda knän och ..... skälvande sköte". En idyll jämfört med när en namngiven person sätts i ofördelaktig dager. Eller en grupp personer. När ett verk porträtterar en person med en vinkling som blir förtal.

Kanske har du i likhet med mig störts av filmerna om Zorn och Mozart, där såväl Zorn som Mozart framställs i en ofördelaktig dager långt från de genier de var. Till och med en nidteckning som klart anger att "alla likheter med nu levande personer är slumpmässiga" kan mycket väl vara förtäckt förtal.

Nu kan det moraliska problemet lätt bli ett rättsligt problem och uppfylls kriterierna av

viss spridning och viss misskredite-
ring eller vilseledande framställ-
ning så föreligger förutsättningarna
för en fällande dom

Det moraliska problemet
blir inte mindre när memoarer,
självbiografier eller andra partsin-
lagor ger en mer eller mindre med-
veten förvanskning av ett skeende.
Berta Spaffords och Lars Linds be-
skrivningar i romanerna Jerusalems
efterföljd är bra exempel på detta,
liksom Gustav Vasas, Vilhelm Er-
övrarens och Valdemar Atterdags
historiebeskrivningar över egna
gärningar och ogärningar, dåd och
missdåd.

Vilhelm Erövrarens intåg
i England beskrivs i Bayeuxtapeten
– en 73 bilder lång gobeläng som
torde ha varit ytterligare några bil-

der längre. Den broderade gobelängen kan beskådas just i Bayeaux. Med sina gula och gröna hästar kan man säga att den är ett stycke modern konst. I gobelängen kan man också se Halleys komet, som passerade jorden just år 1066. Det år då Vilhelm erövrade England. En sevärdhet som jag varmt kan rekommendera.

Dikten kan vara en generell beskrivning av ett fenomen där specifika individer kan känna igen sig. Specifika händelser som beskriver generella fenomen. Dikten eller fiktionen är en modell av verkligheten som bör upplevas som någorlunda rimlig av läsaren. I fallet Jerusalem blir modellen i sin tur en modell av Selma Lagerlöfs egna, privata problem, men som beskrivning av utvandrande bönder rimmar modellen illa med verkligheten och det är vad jag är kritisk till och vill försöka belysa här.

När Claude Monet (1840 - 1926) år 1870 målar sin "Impression, soleil levant", blir det avstampet till en ny era i konsten, från den konventionella och fotografiska återgivningen av lätt högstämda motiv till ögonblickets intryck av vardagsbilder.

Monet kände sig tillsammans med kollegan Renoir desillusionerad av det återgivande måleriet och de sökte något nytt. Så småningom ansluter sig även Manet till de två. Det var så impressionismen kom till. Ursprungligen ett skällsord från en konventionell konstkritiker.

Under de första åren av 1900-talet kommer expressionismen, som helt tar avstånd från verklighetsskildringen och den naturalistiska konsten i allmänhet. Kanske berodde det på att kameran nu hade utvecklats så att det återgivande gjorde sig bäst på foto. Konstvärlden har nu frigjort sig helt från det avbildande och efterliknande och kan nu koncentrera sig på färg och form, på kontraster, ytor och elementreduktion.

Den här övergången från verklighetsskildringen till det fria skapandet gick inte smärtfritt. Vincent van Gogh (1853 - 1890) lyckades under sina tio år som konstnär och impressionist (1880 - 1890) inte sälja en enda tavla. Carl Fredrik Hill (1849 - 1911) refuserades av Salongen 1877 när han söker

förnyelse under intryck av impress-
ionismen. Han recenseras av själv-
aste August Strindberg.

När det gäller Vincent
van Gogh är jag väl medveten om
den kontroll hans i Paris konst-
handlande broder Theo önskade ut-
öva på honom och de grumliga mo-
tiv Theo torde ha haft för detta,
men det förklarar inte det kom-
pakta motståndet mot de bilder den
sedermera geniförklarade Vincent
skapade.

När det gäller Carl Fred-
rik Hill så har det påståtts att han
skulle ha lidit av schitsofreni. Klart
är i alla fall att han led av förföljel-
semani. Kanske var han psykotisk.
Han vårdades i hemmet av sin mor
och sin syster under hela 28 år.
Han ritade på varje papperslapp
han kunde komma över. Malmö

Museum har 4 000 av hans teckningar från sjukdomsperioden.
2 000 teckningar med pornografiska motiv förstördes av systern. Före sin sjukdom var han vår kanske störste landskapsmålare. Hans far, multigeniet Carl Johan Hill var professor i matematik, kemi och fysik i Lund, Stockholm och Helsingfors. Även han var mentalt störd. I en randanteckning lär han ha visat på vinkelns tredelning. Ett än idag olöst matematiskt problem.

Inom konsten finns det knappast skäl att markera en rågång mellan det verklighetsåtergivande och det fria skapandet. Mellan det troget och fotografiskt återgivna till det effektfullt fria formspråket. Det är knappast någon som tar skada. Karikatyren och nidbilden anger att det just är fråga om förvrängningar av verkligheten.

Om vi inom konsten ställer verklighetsskildringen mot det fria bildskapandet, får vi inom litteraturen motsvarande motsatspar i verklighetsskildringen och berättelsen, i dokumentären och sagan, i den vetenskapliga studien och amatörens försök, originalet mot plagiatet

Sagan och skrönan är i stora drag och i de allra flesta fall normgivande berättelser och ingår i kulturarvet. Ett exempel är de isländska sagorna. Levnadsreglerna i Havamal kan jämföras med levnadsreglerna i Ordspråksboken och lite vanvördigt skulle man kunna kalla berättelserna i Bibeln för en samling skrönor - allmängiltiga och normgivande.

Verklighetsskildringen, dokumentären, den vetenskapliga rapporten skall skildra en specifik företeelse. Den vetenskapliga rapporten kräver dessutom en redovisad metod och att man av det specifika skall kunna dra generella slutsatser. Det är just metoden som skiljer vetenskaparen från amatören.

Är inte rågången mellan reviren tillräckligt klar, hamnar vi i det dilemma som nu filmen "Jerusalem", Selma Lagerlöfs "Jerusalem 1" och "Jerusalem 2" och också "Ingmarsspelen" hamnat i till förfång för oss aningslösa. Vi tror ju att detta är en skildring av verkligheten.

Men så är det inte.

Skrönan om Ingmarsö-
nerna är artskild från de dokumen-
tärskildringar som finns om de 37
personerna som utvandrade.

Selma Lagerlöf ville så
gärna umgås med samtidens författ-
tande giganter von Heidenstam och
Björnsson, Levertin och Brandes.
Mycket tack vare bondeskildringen
om Ingmarsönerna lyckades hon
också. Hon fick Nobelpriset i Litte-
ratur 1909 och invaldes 1914 som
första kvinna någonsin i Svenska
Akademin. Hedin skildrar i en av
sina 368 volymer att han, Heiden-
stam och Selma Lagerlöf brukade
följas åt hem efter sammanträdena i
Svenska Akademin. Konsten var
att bli av med Selma Lagerlöf, så
att herrarna ensamma kunde svinga
bägaren på någon av stadens kro-
gar.

Bondeeposet om Ing-
marssönerna handlar i huvudsak
om storbondens ärvda ansvar för
sin gård och de konflikter detta an-
svar medför för honom personli-
gen. Det handlar också om Selma
Lagerlöfs egna bekymmer med sitt
Mårbacka. Det handlar om hennes i
grunden kritiska inställning till
väckelserörelsen. Det handlar om
hennes val mellan livskamra-
terna/älskarinnorna fru Sophie El-
kan och fröken Valborg Olander.
Skildringen måste passa in i den
formatering som Björnsson givit
den episka bondeskildringen för att
kunna bli accepterad av samtidens
kulturella innekretsar.

Vilken ställning Selma
Lagerlöf tar är inte helt klart. Av
romanerna går det att utläsa att hon

tar Ingmars parti och de som stannade kvar. I romanen låter hon Ingmar välja den trygga Brita, dvs Valborg, framför den lätt neurotiska Gertrud, dvs Sophie. Men romanerna tillägnas Sophie och av Nobelföreläsningen kan man få intrycket att hon väljer de som bryter upp. I realiteten väljer hon båda. Kanske är det omväxlingen hon väljer. Som nämndes i inledningen är hon förvisso inte ensam om detta. Varken tidigare eller senare.

En annan tolkning är att hon väljer sitt författarskap, hon väljer skrönan, det som låter bra. Ett visst stöd för den här synpunkten tycker jag hennes problem med att ge utvandringen en trolig förklaring är. Ordekvibrilisten och litteraturkritikern Oscar Levertin påpekade efter första upplagans

publicering att han inte tyckte att
Selma Lagerlöfs inledning var sär-
skilt trolig och härav omarbet-
ningen inför 1909 års utgåva. I in-
ledningen hämtar huvudpersonen
Ingemar Ingemarsson sin tilltänkta
hustru Brita när hon kommer ut
från fängelset efter tre års avtjänat
straff. Brita har i sin besvikelse
över att bröllopet mellan henne och
Ingemar inte blev av på grund av
besparingsskäl så tar livet av deras
förstfödde. Trots detta, och trots
moderns hotelser, så hämtar Inge-
mar sin Brita när hon efter tre år
kommer ut ur fängelset. Lill-Inge-
mar blir härigenom Stor-Ingemar
och prisas av prosten.

För att göra rågången
mellan dokumentärens revir och
skrönans revir tillräckligt klar

kunde Selma Lagerlöf i en ingress-
text till böckerna tydligt markerat
detta. Det gör hon inte, väl med-
veten om de konflikter hon härige-
nom skapar med "huvudperso-
nerna".

Till programmet för
"Ingmarspelen" finns en ingress-
text, men inte heller här vågar Nås-
bördige redaktören och riksdagens
talman Anders Olsson markera rå-
gången. I en passus noterar han att
"verkligheten hade i många stycken
tett sig annorlunda än den formats i
hennes dikt" (sid 6).

Vi läsare, teaterbesökare
och biobesökare, som inte sätter
oss in i det faktiska förhållandet
har till en del oss själva att skylla,
men skulden har de som lanserar
sina filmer och eftermälen utan att

klargöra distinktionen mellan verkligheten och skrönan. I Bra Böckers Lexikon står det om Selma Lagerlöf (1858 - 1940) bl.a. att "Bondeeposet Jerusalem (1 och 2, 1901-1902) skildrar en verklig händelse: "en skara dalbönder utvandrade till Jerusalem och bildade en koloni där."(band 14, sid 128). Samma sak skriver Nationalencyklopedin. Hur nu redaktörerna kunnat komma till den slutsatsen. Varje notis i såväl Bra Böcker som i NE kollas noga innan de går i tryck. Här har något gått fel.

Lätt tragikomiskt blir det när skrönan blir till verklighet, vilket Erland Lagerroth påpekade vid sitt anförande vid Ingmarspelen i Nås sommaren 1973. "Vad som särskilt överraskade var den ge-

nomslagskraft den litterära fikt-
ionen hade haft här i den bygd som
levererat verklighetsstoffet. ... ...
det frapperande var nu att man ald-
rig hörde annat namn på de som ut-
vandrade än "Ingmarerna" ... deras
ledare kallades nästan aldrig annat
än "Hellgum" ..(Lagerroth, Erland
"Tankar i Nås„„", Svensk Litterat-
urtidskrift 1975:1 s 17)."

Selma Lagerlöfs dikt har
alltså verkat så mäktigt i Nås att
den i dag överflyglat de faktiska
händelserna.

Befolkningen spinner vi-
dare på Selma Lagerlöfs dikt ge-
nom att söka upprätta ett samband
mellan diktens figurer och verklig-
hetens och mellan diktens topografi
och verklighetens" (idem. sid 19).
Ett exempel är Anders Olssons arti-
kel i Mora Tidning den 7 mars

1959, där rubriken lyder "Då Hell-
gum predikade ..."

Ivar E. Holmén slår hu-
vudet på spiken när han säger att
"... det är förvisso beklagansvärt
när en roman slutligen betraktas
som en sannsaga ..."(Falukuriren
måndagen den 8 juli 1974, "Jerusa-
lemsfärd som slutade ..)

I sin hembygdsbok om
Nås säger Karl-Erik Forslund "Så
här yttrar sig gamle Josef Lars i sa-
ken:"Tipersgården var för nybyggd
för att passa som Ingemarsgården,
som aldrig funnits; nu har min far-
brors gård tagits till Ingemarsgår-
den, men han tillhörde aldrig vårt
lag. Selma Lagerlöf hade ingen
grund för att skriva om Ingemars-
gården som hon gjorde, men hon
drog allting ur sin egen tanke som

en spindel drager tråden ur sin kropp."

Dylik kritik drabbar naturligtvis de två filmerna, dessa vrångbilder, såväl av verkligheten som av diktverket, dessa "folkskådespel" där okunnighet och sanningslöshet enats med reklammakeri och sensationslystnad (åtminstone i fråga om Ingemarsarvet) för att förvanska en märklig och allvarlig sannsaga till ytlig och dålig teater! (Karl-Erik Forslund, "Nås", Åhlén & Åkerlund, Stockholm 1926, sid 132,

Nu är det i sig inte något märkligt att fiktionen blir någon form av verklighet. Det är lätt att inse om man drar parallellen med romanfigurer som Sherlock Holmes, Robinson Crusoe eller

Karl Oskar. De finns ju i vårt med-
vetande och de lever i en egen
värld. Men skillnaden är ändå den
att i detta fall fanns en grupp män-
niskor, som är lätt identifierbara
och verkligheten förvanskad.

Ett försök att dra rå-
gången mellan verklighet och fikt-
ion görs i "Bron mellan Nås och Je-
rusalem" (Edström et al, Ingmar-
spelen och Selma Lagerlöf-säll-
skapet, Stockholm 1996)

Att rågången mellan do-
kumentärens revir och skrönans re-
vir inte är tillräckligt klar ger kon-
sekvenser för de 37 utvandrarna,
varav 20 barn, och deras efterle-
vande vars eftermäle blir att de likt
flarn för vinden drivits till stenök-
nen Jerusalem av en kringflack-
ande kolportör.

Nåsbornas utvandring
är både logisk och konsekvent och
knappast någon impulsiv handling
frammanad av en fanatisk väckel-
sepredikant. Här är det självägande
bönder som under en hel generat-
ion kommit fram till att de vill be-
vittna Kristi återuppståndelse i Je-
rusalem.

Kapitel 3 Utvandringen

Utvandringen från Nås har sin grund i 1800-talets frireligiösa väckelse. Till Lindesnäs kom väckelserörelsen med kringvandrande smeder i mitten på 1850-talet. "år 1863 bildas Nås Missionsförening, till vilken också Lindesnäsborna slöto sig och vars ursprungliga uppgift var att sprida uppbyggelseskrifter. Föreningens förste ordförande var folkskolläraren O. Falk ... " (Herlenius, E, "Religiösa rörelser i Nås ...", Julbok för Västerås stift, 1934, sid 60).

Orienteringen mot Jerusalem och det heliga landet var väl förankrad. Den heliga Birgitta

gjorde sin pilgrimsfärd redan 1372.
Swedenborgarna grundade sin
kyrka "Nya Jerusalem" i slutet på
1700-talet och i början på 1800-ta-
let. Karl XII sände inte mindre än
tre expeditioner till det heliga lan-
det. (Kark, Ruth "Sweden and the
Holy Land ...", Journal of Histori-
cal Geography, 22 1 (1996), sid 50,
min översättning).

Under inflytande av de
sk Templarna flyttade en Ernst Au-
gust Winroth från Piteå med fru,
fem barn och en anställd till det he-
liga landet i oktober 1876 för att
livnära sig av jordbruk. I landet
fanns då redan en tysk grupp
(idem, sid 51 - 53).

De två huvudmännen för
Jerusalemsfararna från Nås - Gäst-
gifvar Mats Matsson och Tipers

Lars Larsson - är födda 1842 respektive 1843. De är alltså 20 år gamla då församlingen bildas. 33 år senare, 1896, utvandrar de efter ett helt livs indoktrinering.

Tidsaspekten är ett av de kriterier som borde vara av avgörande betydelse för det förvisso kvalfyllda beslutet att sälja fädernegården. I det här sammanhanget är det intressant att notera att de tre gårdarna Möckelind, Gästgifar och Tipers inte ligger stort mera än ett stenkast från varandra i Nås.

År 1860 är 3 000 invånare mantalsskrivna i Nås. Fribabtisterna har 115 medlemmar och Missionsförsamlingen utgör en mindre del. Vid tiden för utvandringen omfattas Larsarenerna, som utvandringsgruppen kom att kallas efter sin ledare Olof Henrik Larsson (1842-1919), av 50 personer. Det är alltså en liten, frireligiös grupp som ställs emot en stor högkyrklig grupp, dvs Nås församling.

Genom väckelsen får vi nu predikanter från befolkningens breda led som känner sig manade att framföra sitt budskap på sitt språk till skillnad från statskyrkans teologiskt utbildade präster. Här får vi, som nämndes inledningsvis, grogrunden till emigrationen.

Den lilla gruppen måste ha känt sig utlämnad, isolerad och kanske också utfrusen. Förvisso inte utan eget vållande. Som alla andra grupper vill man skapa en inre sammanhållning genom att utpeka en yttre motståndare, dvs svenska kyrkan. Man vill också särskilja sin egen ideologi från andra ideologier.

I det här fallet tar man till puritanismen, som i sig rymmer en oförsonlighet. Det är denna oförsonlighet, som blir de flesta fanatiska rörelsers fall när den riktar sig inåt mot de egna leden. Så också blev det även här. Utsattheten och det yttre trycket på gruppen torde utgöra ett annat avgörande kriterium för beslutet att emigrera.

Inom gruppen tolkas Bibeln som Guds ord och enligt bokstaven. Man tror fullt och fast på Kristi återuppståndelse och att uppståndelsen är en tidsfråga. Den i Chicago verkande Norafödde predikanten Fredrik Fransson (1852-1908) har i sin bok "Himlauret"

(1897) lagt fram bevis för att uppståndelsen kommer att ske 1887, och detta har såväl den Spaffordska församlingen som Olof Henrik Larssons församling tagit ad notam. Genom resan till Jerusalem tror man att man skall undkomma den stora förstörelsen, svavelfloden och eldregnet. (Fahlén, Nåsbönderna i Jersualem", Förlags AB Wiken, Höganäs, 1888, sid 123, citat Eva Gunnarsdotter).

Församlingsborna lever också till vardags i en kartbild där de fasta koordinaterna utgörs av Golgata, Getsemane och Oljeberget. Såväl i vardagen som i litteraturen är Bibeln och språkdräkten är i hög grad färgad av Bibeln. Här finns ytterligare ett avgörande, men förvisso icke tillräckligt, kriterium för emigrationen.

Väckelserörelsen kom i hög grad att sysselsätta sig med frågorna om uppståndelsen, om den yttersta domen, om tron på ett evigt liv, om himmel och helvete, om den sista tiden på jorden och de uppenbarelser som skall föregå denna sista tid. Hur dessa uppenbarelser skall se ut kan man få en föreställning om i Uppenbarelseboken bl.a. i beskrivningen av "de fyra ryttarna" (Upp 6:1-8) och tolkningen av de sju inseglen. De fyra ryttarna är aposteln Johannes uppenbarelse om världens undergång. När det gäller de sju inseglen så kan det vara en kamp mellan Gud och Djävulen där Gud förhindrar jordens undergång. Kan – därför att Uppenbarelseboken är svårtolkad.

"Och när Lammet bröt det sjunde inseglet, uppstod i himmelen en

tystnad, som varade vid pass en
halv timme.   ...Då kommo ljung-
eldar och dunder och tordön och
jordbävning och starkt hagel.”
Även här beskrivs apokalypsen.

”Djävulen, som förvil-
lade dem, bliver kastad i samma sjö
av eld och svavel, dit vilddjuret och
den falske profeten hade blivit kas-
tade; och de skola där plågas dag
och natt i evigheternas evigheter
(Upp 20:10)

”De som inte kan räknas
in bland lammets skara skall kastas
i den brinnande sjön”(Upp 20:15).

Än idag lever adventis-
terna efter samma tro. Jehovas
Vittnen är ett exempel på en sekt
som praktiserar egendomsgemen-
skap, och som centrala teman har
uppståndelsen och skärselden. De

tror inte heller på treenigheten, vilket förvisso är polyteism. Här har kyrkan lite svårt med matematiken. Fadern, Sonen och Den Helige Ande måste bli tre enheter, dvs polyteism, vilket var kristenhetens främsta argument mot asatron.

Det var säkerligen ännu lättare att ryckas med i denna föreställningsvärld än i de moderna rollspel på dator som också förflyttar individen till en annan värld.

Ytterligare ett kriterium, som man lätt missbedömer när man ser tillbaka på de, som levt före oss, är deras internationella kontaktnät. Beslutet att emigrera fattades under den stora utvandringsvågen av drygt ett tusen Nåsbor, en miljon svenskar och 25 miljoner européer. (Fahlén, "Nåsbönderna i Jersualem", Förlags AB Wiken, Höganäs, 1888, sid 16).

Från 1842 har vi obligatorisk folkskola och befolkningen är skrivkunnig och följaktligen kunde man kommunicera med varandra. Larsarenerna i Nås kommunicerade med församlingen i Chicago. I Chicago fanns en kontaktyta mot kolonin i Jerusalem, som utvandrade från Chicago redan 1881 för att invänta Kristi återkomst, dvs 15 år innan Nåsborna utvandrade.

Exempel på långväga kommunikationer tusen år tillbaka är de normandiska vikingarnas kontakter med hemlandet, det romerska rikets infrastruktur liksom aztekernas. Romarna byggde vägar för att lätt kunna forsla varor inom

det väldiga riket. Tvärs över Barse-
bäcks golfklubb mellan Malmö och
Helsingborg går resterna av en
gammal romersk väg. Romarriket
sträckte sig ända upp i England.
Även vårt sentida romarrike EU
satsar på kommunikationer. Bl.a.
har motorvägen mellan Kiel och
Estland finansierats av EU,
Öresundsbron mellan Malmö och
Köpenhamn finansierades till 50%
av EU. Resterande 50% stod
Svenska staten för.

När vikingarna skulle
inta Lutetia, som Paris kallades på
den tiden, behövde de förstärkning.
Tre veckor senare anlände inte
mindre än 600 vikingaskepp från
Danmark. En i sanning impone-
rande logistisk prestation. Frank-
rike var för övrigt ett populärt res-
mål för vikingarna. Här byggde

fransmännen byggnader på kullarna där de förvarade guld och silver utan övervakning. Byggnaderna var inte ens låsta så det var bara att gå in och ta för sig.

Utvandrarna från Nås flyttade inte till ett okänt land eller okända människor. Nätverket var etablerat. T. ex. utvandrade Gästgifar Mats Matssons syster Anna och hans svärmor Anna Ersdotter Hjerpe från Chicago till Jerusalem i mars 1896 och fanns alltså på plats i Jerusalem, tillsammans med 77 andra skandinaver, när Gästgifar Mats Matsson i juni 1896 fattar beslutet att invänta Kristi återkomst i Jerusalem.

Sammanfattningsvis är det inte en enda faktor som Jerusalemfararna i Nås grundar sitt beslut på utan en serie faktorer, vilka var och en för sig varken är nödvändig eller tillräcklig, men tillsammans räcker de för att fatta ett livsavgörande beslut.

Olof Henrik Larsson kom från sin församling "Svenska evangeliska kyrkan" i Chicago på sensommaren 1889 till sina svärföräldrar i Lindesnäs. Härifrån tvingas han av sin svärfar att flytta och tas emot på gården Tyna av Liss-Lasses Karin Larsson. Han flyttar tillbaka till Chicago redan 1892 och mötena flyttas till Tipersgården, vars Lars Larsson nu övertar ledarrollen tillsammans med Gästgifar Mats Matsson. Så är det med personnamnen i Dalarna att till dopnamnet läggs gårdsnamnet.

Ett visst belägg för Olof Henrik Larssons roll som enbart utlösande faktor är det faktum att Jerusalemfararna så lätt frigör sig från honom. Det är t ex Anna Spaffords fosterson Jacob som organiserar försäljningen av de fem gårdarna, trots att Olof Henrik Larsson anlänt tillsammans med Jacob. När Jerusalemfararna kommer i kontakt med Anna Spafford är Olof Henrik Larsson redan en andrahandsfigur. Någon som likt Johannes Döparen beredde vägen.

Det var Johannes Döparen som förebådade ankomsten av den han kallade för Guds Son. Han förkunnade att folk borde låta döpa sig just för att vara redo att ta emot Kristus när han kom. Även Jesus kom till Johannes Döparen för att låta döpa sig och detta torde ha varit inledningen på hans synnerligen framgångsrika karriär.

I konsekvens med sin övertygelse säljer fem bönder sina gårdar och flyttar med sina familjer och ytterligare fem trosfränder till Jerusalem för att invänta uppståndelsen. Ett naturligt och logiskt beslut av fria och självständiga bönder, som självfallet hade att övertyga såväl medlemmarna i den egna familjen som släkt och vänner.

Epilogen är sorgligt nog också ganska logisk.

Väntan blev lång. Släkte avlöste släkte och den bärande idé som ursprungligen band gruppen samman tynade bort. Den diktatoriska styrningen höll lika lite som andra diktaturer när despotens, i detta fall Anna Spaffords, karismatiska kraft, inte längre finns kvar.

Intressekonflikter, mål-
konflikter och rollkonflikter upp-
löste banden mellan medlemmarna
och gruppen skingrades. Precis
som alla andra grupper när det ge-
mensamma intresset inte längre
binder dem samman.

Vem är vi som sätter oss
till doms?

"Det är skönare att lyss
till den sträng som brast, än att ald-
rig spänna en båge", för att citera
en av Selma Lagerlöfs stora idoler
– Verner von Heidenstam.

Det som kanske framför
allt upprör oss är det öde som drab-
bar Jerusalemfararna i Jerusalem.

För Selma Lagerlöf
framstår bruket av den ärvda går-
den som det lyckligaste och mest
eftersträvansvärda liv man kan ha

på jorden. Hur många i förtid ut-
slitna småbrukare som nu vill
skriva under på detta.

Jerusalemfararna kom
in i ytterkanten av en kulturell krets
som är få förunnat. Chicago var un-
der slutet av 1800-talet världens le-
dande modecentrum innan Paris
övertog denna roll. Nu torde
knappast Nåsbönderna ha kommit i
kontakt med dåtidens motsvarig-
heter till Yves St Laurent, Balmain
och Dior, men Chicago var en eko-
nomisk och kulturell världsmetro-
pol av ett slag som jag tror vi har
svårt att föreställa oss i dag. I dessa
kretsar rörde sig advokaten Horatio
Spafford. I det Spaffordska hem-
met i Lake View rörde sig väckel-
serörelsens företrädare. Lake View
var redan då Chicagos kanske ex-
klusivaste stadsdel. Här fanns

väckelsens kanske främste predikant Dwight Moody (1823-1899), här fanns väckelsens kanske främste sångare Ira D Sankey (1840-1908).

Min klasskamrat och också arbetskamrat Bengt-Ove Moodyssons farfars far döpte sin son till Moody och enligt tidens sed fick sonens barn efternamnet Moodysson.

Jerusalemsfararna rönte uppmärksamhet på ett sätt de inte annars skulle ha gjort. Hela det kulturella Sverige upprörs och fascineras av Jerusalemsfararna från Nås och söker svaret på gåtan varför de reste.

Hol Lars Larsson, eller Lewis Larsson som han kallade sig, son till Henrik Larsson, får som fotograf följa med Sven Hedin på hans av Gustav V finansierade resor till Syrien och Palestina och "inte mindre än 133 av hans fotografier finns medtagna i Hedins bok "Till Jerusalem" (Fahlén, sid 227).

Lewis Larsson efterträdde professor Gustav Dahlman som konsul i Jerusalem (idem, sid 227).

Han får träffa Lawrence av Arabien efter turkarnas kapitulation 1917 och han får gömma kapitulationsflaggan, som den engelske generalen Watson vill ha med sig hem till England. (Hillgren, Karl E. "Ingmarsson i Ingemansland" Vecko-Journalen 1952: Julnummer, sid 60).

Här finns ett kontaktnät med dåtidens kulturpersonligheter. Selma Lagerlöf och Sophie Elkan ingriper mot den amerikanske konsuln Selah Merril när denne i prästerligt nit angriper kolonin. Ett öppet brev skrivet av Selma Lagerlöf publiceras i amerikansk press, vilket sätter stopp för konsulns privata kampanj mot kolonin. Sven Hedin ingriper mot Selah Merrils efterträdare Wallace, även han präst, när han skändar kolonins gravar.

Superintendenten för det turkiska undervisningsväsendet Ismael Bey El-Husseini är den som betalar Anna Spaffords och hennes sällskaps resa till Chicago 1894 och som också bidrar med mat och hyra till den redan då ekonomiskt utblottade Spaffordska kolonin. (Johnson, Karin, "När dalfolket kom..." Vi, 1946:28, sid 3-4). Han är också den, enligt honom själv, som inspirerar kolonin att försöka försörja sig genom att ta betalt för sitt arbete, vilket man dittills inte hade gjort. (idem, sid 4). En uppgift som för övrigt inte finns på något annat ställe i de tusentals sidor som skrivits om tiden i Jerusalem.

Experimentet att i Jerusalem kunna leva i en egendomsgemenskap kunde ha lyckats, när nu väntan på Kristi uppståndelse blev längre än de räknat med.

Det Nåsgruppen inte visste och knappast kunnat förutse är att Olof Henrik Larsson skrev sin inbjudan i februari 1886 för att använda nåsborna som trumfkort i maktkampen med Anna Spafford (Fahlén, "Nåsbönderna i Jerusalem", Förlags AB Wiken, Höganäs, 1888, sid 101,122). Det är troligt

att han i brevet höll sitt livs predi-
kan och att det därför hade den ut-
lösande verkan det var avsett att få.

Nåsgruppen kunde heller
inte ana att de skulle hamna mitt i
en maktkamp mellan två mer eller
mindre störda hjärnor. Olof Henrik
Larsson hade visat prov på tvära
kast i under sin bana. Uppbrottet
från Grundsund, han avbryter sitt
arbete på skeppsvarvet i London,
han avbryter sin sjöbefälskarriär,
växlingarna från metodist, till
evangelisk-lutheran, till babtist, till
larsarenare, till spaffordian, ingi-
velsen att fara till Lindesnäs,
samma inställning till medicinsk
vård som Anna Spafford hade och
med samma dödliga resultat, han
lägger hela sitt och församlingens
öde och dess tillgångar i händerna

på Anna Spafford efter bara några veckors bekantskap.

Anna Spaffords karriär uppvisar ett än märkligare beteende. Fyra av hennes barn omkommer i en fartygsolycka, medan hon räddas. Mödrar och sjökaptener brukar annars ha det gemensamma draget att de följer skeppet i djupet, mödrarna därför att de till varje pris vill rädda sina barn och sjökaptenerna därför att de skall lämna skeppet sist av alla. Det sjuka barnet hon nekar medicinsk hjälp och försöker bota med böner och till och med att uppväcka, samma beteende visar hon mot medlemmar av kolonin, vilka även de avlider. Hennes proklamerade celibat och hur hon själv, trots tvånget på celibat, umgås mycket förtroligt med en elegant, brittisk gentleman, som slutit sig till kolonin, hennes uppenbarelser för att förmå kolonin att acceptera hennes beslut. Makt måste styras av moral och man kan ifrågasätta om det i Anna Spaffords fall var moral och inte av skenhelighet förtäckt ohederlighet som styrde hennes beteende mot kolonins medlemmar.

Det Nåsgruppen inte heller visste och knappast kunde förutse var att de skulle bli beroende av en nomenklatura bestående av den ursprungliga amerikanska kolonin och av en hänsynslös despot med klart psykopatiska drag, som gjorde allt för att uppnå sina egna syften oavsett medel. "Det finns där en inre och en yttre cirkel. Den inre cirkeln sluter sig naturligtvis kring Mrs S. och består af hennes två döttrar, Eliahu och de flesta

amerikanarne" (Steen, Henrik,
"Sanningen om...", Stockholms
Dagblad, den 26 januari 1903) Lar-
sarenerna, skandinaverna, räknade
100 personer mot spaffordisternas
30, varav amerikanerna utgjorde
huvuddelen. Till gruppen hade
också anslutit sig ett antal männi-
skor från Syrien och Palestina,
vilka attraherats av kolonins grund-
tankar. 133 medlemmar för att vara
exakt: 37 personer från Nås, 40
svensk-amerikaner, 37 amerikaner,
samt 19 övriga. (Rosenfeldt,
Christian, "Gåtan som förbryllar ef-
ter 100 år..." Hemmets Journal
1995:27, sid 40).

Nåsgruppen visste inte
heller att familjen Spafford bränt
sina skepp i Chicago och mer eller

mindre tvingats flytta till Jerusalem. Vägen tillbaka till USA var stängd och livbojen var kolonin.

Nåsgruppen visste inte heller att kolonin i Jerusalem år 1896 stod utblottad och att det ekonomiska tillskott som Olof Henrik Larsson och hans församling tillsammans med Nåsgruppens ekonomiska tillskott räddade kolonin. Det är inte gratis att under femton års tid passivt vänta på uppståndelsen, vilket kolonin dittills hade gjort.

Det är inte enda gången det religiösa kärleksbudskapet fått utgöra täckmantel för snöd ekonomisk vinning. Såväl Scientologkyrkan som Jehovas vittnen är framgångsrika penningmaskiner.

Fenomenet med en ideologi, en indoktrinering och en

social kontroll är känd och tillämpad både tidigare och senare. Det gäller att hitta en bärande idé, och att sälja in den till en grupp människor och sedan med hjälp av idén kontrollera dem.

Kommuniststaternas angivarsystem är känt inte minst från det forna Östtyskland. Anna Spafford kämpade för sin och sin familjs överlevnad. Samvetslöst utnyttjade hon fenomenet till fulländning med sanktioner från bannor under morgonbönen till utfrysning och uteslutning ur gemenskapen.

En annan parallell är gisslandramat – Stockholmssyndromet - där det uppstår en paradoxal känslomässig bindning mellan gisslan och den eller de som tar gisslan. Och nog är det fråga

om ett gisslandrama. Möjligheterna
att lämna kolonin var obefintliga.

Kapitel 4   Epilog

Hade Jerusalemfararna från Nås direkt hade kunnat starta med jordbruk och så småningom också handel, kanske under Olof Henrik Larssons ledning, hade kanske experimentet lyckats. Hade dessutom gruppen sluppit den ekonomiska belastning som huvuddelen av den amerikanska delen av kolonin utgjorde hade förutsättningarna varit ännu större. Det är inte en orimlig tanke att intressegemenskapen så småningom flyttas över från en religiös intressegemenskap till en ekonomisk.

Nu blev det som det blev när det inte blev som det skulle.

Men låt eftermälet om Jerusalemfararna från Nås och deras öde leva sitt kulturella liv.

Låt den litterära skrönan om Ingmarsönerna leva sitt.

I skilda världar.

Vi har sett andra despoter likt damerna Spafford styra. Många av dessa har som främsta intresse att skapa en egen förmögenhet. Hitler dog som en mycket förmögen man och så kommer också Putin att göra. I Belarus ser vi en maktfullkomlig galning styra Europas sista diktatur.

Historien om nåsbönderna är ännu ett exempel på hur kristenheten lett och förlett mänskligheten under två tusen år.

Kristenheten var snar att kritisera vikingarnas handel med slavar, eller trälars som vikingarna kallade de livegna. Trälarna var en värdefull egendom och därför behandlades de väl. Vissa trälar hade höga positioner i samhället. I såväl Danmark som i Ryssland förekom livegenskap in på 1800-talet i kristenhetens hägn. Fördöma andra går bra men att själv leva upp till idealen har prelater, pedagoger och politiker lite svårt för.

Vad har påvekyrkan gjort mot de pedofilpräster som förgriper sig på barn som föräldrarna tror är trygga i kyrkans hägn? Hittills ingenting. Ett rimligt straff vore kastrering utan bedövning.

Under vikingatiden hade vi i det närmaste ett matriarkat. Under kristenheten proklamerades att kvinnan tige i församlingen. Varken jämställt eller fördragsamt. Men kyrksamt.

För att underlätta för kristenheten att få fäste förlades bl.a. Kristi födelse till det sedan länge firade vintersolståndet. Johannes har fått sin dag i samband med sommarsolståndet. Vilken tid på året som Jesus föddes är det ingen som vet.

Och varför missionera? Skulle kristenheten vara överlägsen andra, redan befintliga religioner? Även om jag tillstår att levnadsreglerna håller måttet än idag kanske 3000 år senare.

Referenser

Bra Böckers Lexikon

Edström et al, "Bron mellan Nås och Jerusalem" Selma Lagerlöfsällskapet, Stockholm 1996

Edström, Vivi, "Gud styr, Motivförskjutningen i Jerusalem. " Lagerlöfstudier, 1958

Fahlén, NN "Nåsbönderna i Jerusalem" Förlags AB Wiken, Höganäs, 1888

Forslund, Karl-Erik, "Nås" Åhlén och Åkerlund. Stockholm 1926

Fransson, Fredrik, "Himlauret,
1897

Fröding, Gustaf, "Stänk och Fli-
kar"

Herlenius, E, "Religiösa rörelser i
Nås" Julbok Västerås stift 1934

Hillgren, Karl E, "Ingemarsson i
Ingenmansland" Vecko-Journalens
julnummer 1952

Holberg, Ludvig, "Moraliske Tan-
ker" 1744

Holmén, Ivar E "Jerusalemsfärd
som slutade ... " Falukuriren den 8
juli 1974

Ibsen, Henrik "Peer Gynt"

Johnson, Karin, "När dalfolket kom…" tidningen Vi, 1946:28

Lagerlöf, Selma "Gösta Berlings Saga"

Lagerlöf, Selma, " Jerusalem 1", Albert Bonniers Förlag, Stockholm, 1901, första upplagan

Lagerlöf, Selma, " Jerusalem 1" Albert Bonniers Förlag, Stockholm, 1972, andra upplagan

Lagerlöf, Selma, "Jerusalem 2"

Lagerroth, Erland, "Anförande vid Ingemarsspelen i Nås 1973"

Lagerroth, Erland, "Tankar i Nås" Svensk Litteraturtidskrift 1975:1"

Levertin, Oscar "Svenska gestalter", Bonniers, Stockholm ,1907

Nationalencyklopedin

Olsson, Anders, "Då Hellgum predikade" Mora tidning den 7 mars 1959

Palm, Anna-Karin " Jag vill sätta världen i rörelse. En biografi över Selma Lagerlöf" Albert Bonniers Förlag, Stockholm 2019.

Rosenfeldt, Christian, " Gåtan som förbryllar efter 100 år" Hemmets Journal 1995:27

Ruth, Kark, "Sweden and the Holy Land" Journal of Historical Geography 22, 1 1996

Steen, Henrik, "Sanningen om … "
Stockholms Dagblad den 26 januari 1903

Uppenbarelseboken

Wägner, Elin, "Från Mårbacka till
Jerusalem. Från Jerusalem till Mår-
backa" 1942, 1943

**

**